Über dieses Buch: Aus vier unterschiedlichen Perspektiven beleuchtet der dichterische Textzyklus ein Gesicht, vor dem wir im Alltag die Augen verschließen, obwohl es keinen Ort gibt, an dem seine Augen uns nicht im Blick haben: das Gesicht des Todes.

Über die Autorin: Ilona Lay lebt so zurückgezogen, wie es der Titel ihres ersten, 2008 erschienenen Gedichtbandes *(Versunken)* vermuten lässt. Nachdem die Dichterin sich in ihrer Frühphase an klassischen Formen orientiert hat, ist sie zuletzt stärker zu freirhythmischen Dichtungsformen übergewechselt. Dies zeigte sich schon bei ihren "Meditationen über das Glück" (erschienen 2021 unter dem Titel *Oktober in den Bergen*). Auch die Texte des vorliegenden Bandes changieren zwischen Prosagedicht und dichterischer Prosa.

Ilona Lay:

Gesichter des Todes

Meditationen über die dunkle Seite des Lebens

LiteraturPlanet

ISBN 978-3-9825751-0-0

www.literaturplanet.de

Erste Auflage 2023

Titellayout: Roland Eggers

Druck: TZ-Verlag und Print GmbH, Roßdorf

Abbildungen: siehe Bildnachweis

Cover-Bild: Michail Wrubel (1856 – 1910): Der sechsflügelige Erzengel Azrael (der in manchen religiösen Traditionen auch als Engel des Todes fungiert; 1904); Sankt Petersburg, Staatliches Russisches Museum (Wikimedia commons)

Inhalt

Vorwort

Der Tod ist noch immer ein Tabu-Thema in unserer Gesellschaft. Er wird in Krankenhäuser und Pflegeheime abgeschoben und spielt in unserem Alltag praktisch keine Rolle. Selbst wenn wir ihm in Horrorbildern in Nachrichten und sozialen Medien begegnen, steht der Sensationsfaktor im Vordergrund. Eine Auseinandersetzung mit dem eigenen Sterbenmüssen wird dadurch nicht bewirkt.

Wir haben zwar spezielle Fest- und Gedenktage, bei denen der Tod im Mittelpunkt steht. Im Grunde geht es dabei aber – wie an Halloween – eher darum, sich über den Tod lustig zu machen und ihm so seinen Stachel zu nehmen. Oder es handelt sich – wie bei Allerheiligen – um Formen einer ritualisierten Erinnerungskultur, die den Tod auf eine allgemeine Ebene heben und ihn so ebenfalls von uns fernhalten.

So werden die meisten wohl um einen Zyklus, der ausschließlich um den Tod kreist, einen großen Bogen machen. Bei manchen könnte dieser ganz spezielle Totentanz jedoch aus biographischen Gründen trotz allem auf Interesse stoßen. Andere verspüren vielleicht auch das Bedürfnis, sich einmal der dunklen Seite ihrer Existenz zuzuwenden.

Schließlich kann die bewusste Auseinandersetzung damit auch dazu beitragen, der Angst vor dem Unausweichlichen zumindest ein Gesicht zu geben. So wird aus dem gesichtslosen Phantom an unserer Seite vielleicht mit der Zeit ein vertrautes Wesen, das wir irgendwann als einen Teil von uns akzeptieren können.

Der Zyklus über die *Gesichter des Todes* ist in vier Teile untergliedert. Teil 1 beschäftigt sich mit dem Tod der Anderen, also mit der Außenperspektive auf den Tod. Hier geht es um die Frage, was es mit uns macht und wie es unser Welterleben verändert, wenn wir das Gesicht des Todes in den Zügen uns nahestehender Menschen erkennen.

In Teil 2 geht es um den eigenen Tod, also um die Frage, wie uns das Sterbenmüssen im Laufe unseres Lebens begleitet und wie es unsere Weltwahrnehmung färbt.

Teil 3 kreist um den sozialen Tod. Hier stehen die tödlichen Auswirkungen im Mittelpunkt, die das Zusammenleben von Menschen leider allzu oft zeitigt.

In Teil 4 wandert der Blick gewissermaßen in die Totale und betrachtet den Tod als allgemeinen Aspekt unserer Lebenswirklichkeit.

Entstanden ist der vorliegende Zyklus im Sommer 2017. Für mich persönlich ist er das Gegenstück zu meinen zwei Jahre darauf entstandenen *Meditationen über das Glück*, die ich 2019 unter dem Titel *Oktober in den Bergen* veröffentlicht habe.

Mir scheint, dass die beiden Zyklen einander ergänzen. Dabei würde ich nicht unbedingt sagen, dass der eine um die helle und der andere um die dunkle Seite der Existenz kreist.

Eher denke ich, dass der Weg zum Licht durch die Dunkelheit führt. Wer den Abgrund des Lebens durchmessen hat, ist, so scheint mir, auch empfänglicher für die Harmonie, die sich aus den verschiedenen Schattierungen des Seins ergibt.

I. Der fremde Tod

Der Tod ist ein leerer Raum

Der Tod ist ein leerer Raum.

Ein Raum, der erfüllt ist von deiner Anwesenheit,
obwohl du nie mehr anwesend sein wirst.

Ein Raum, in dem alles von dir erzählt,
obwohl du nichts mehr erzählen kannst.

Ein Raum, der deinen Blick auf die Welt bewahrt,
obwohl du sie nie mehr anblicken wirst.

Ein Raum, der das Leben nachäfft,
das mit dir die Welt verlassen hat.

Der Tod ist eine Einsiedlerin

Der Tod ist eine Einsiedlerin, die in einer Klause im Wald lebt. Der Ort, an dem ihre kärgliche Behausung sich befindet, ist gut versteckt, kaum jemand ist je dorthin vorgedrungen. Niemand kann dir den Weg weisen.

Du aber musst die Einsiedlerin unbedingt erreichen. Die Zeit drängt, du musst sie warnen, auch wenn du nicht genau sagen kannst, wovor.

Die geheime Schrift, die vergangene Nacht an der Wand deines Schlafzimmers aufgeleuchtet ist, hast du nur bruchstückhaft entziffern können. Zudem kanntest du weder die Zeichen noch die Sprache, in der sie verfasst war. Dennoch bist du dir sicher, dass die Schrift eine furchtbare Prophezeiung enthielt, eine Warnung, die du übermitteln musst, koste es, was es wolle.

Eine halbe Ewigkeit irrst du durch den Wald, ohne eine Spur der Klause zu entdecken. Erst als du nicht mehr gezielt nach ihr suchst – mitten in der Nacht, beim Schein des Mondes –, stößt du unvermittelt auf die schon halb mit dem Wald verwachsene Hütte.

Kein Laut ist zu hören, kein Licht dringt nach draußen. Du möchtest anklopfen, aber auch nach mehrmaligem Umrunden der Hütte kannst du keine Tür entdecken. Die Klause hat noch nicht einmal ein Fenster, sie ist vollständig in sich selbst abgeschlossen. Also versuchst du, durch Rufen auf dich aufmerksam zu machen – doch als Antwort hörst du nur den Widerhall deiner eigenen Stimme, vermischt mit dem unheilvollen Ruf eines einzelnen Kauzes.

Ob die Einsiedlerin die Klause womöglich längst verlassen hat? Aber nein, du spürst ihre Anwesenheit doch ganz deutlich! Die Hütte ist so durchdrungen von ihrer Existenz, dass es dir unmöglich erscheint, das eine ohne das andere wahrnehmen zu können. So beschließt du, noch einmal um die Hütte herumzugehen.

Und tatsächlich: Auf der hinteren Seite, dort, wo die Äste einer großen Eiche die Klause schon ganz umschlungen haben, meinst du hinter einem dünnen Riss im Holz eine Bewegung wahrzunehmen.

Deine Augen, von der Dunkelheit zum Träumen ermutigt, zeigen dir den Schemen eines Körpers, der frei durch den dunklen Raum zu schweben scheint. Er wendet dir ein Gesicht zu, das dir bekannt vorkommt, auch wenn du dir sicher bist, es nie zuvor gesehen zu haben.

Der Tod ist eine Heilige

Der Tod ist eine Heilige, die sich jeder Nahrung verweigert. Denn was ist diese anderes als die Nabelschnur, die uns an die Welt kettet, dieses Reich eines allzeit wütenden Raubritters, der Unheil und Verderben über uns bringt?

Die erlesensten Speisen, die ausgefallensten Gewürze, ihre Lieblingsgerichte, seltene Genüsse, die ihr nur an den höchsten Feiertagen ihres Lebens vergönnt waren – nichts kann sie dazu bewegen, dem schwarzen Ritter noch einmal in die Augen zu schauen. Ihr Mund bleibt verschlossen, keines seiner Angebote kann ihr Herz erweichen, so verlockend es ihr sonst auch erschienen sein mag.

Der Ritter hat seine Verführungskraft verloren, nichts kann sie mehr dazu verleiten, von ihrer Standhaftigkeit abzurücken.

Nur ganz selten mischt sich in den Trotz, mit dem sie sich von den betörenden Angeboten abwendet, ein bitterer Zug, die wehmütige Erinnerung an die Lust, mit der sie sich früher von dem dunkel leuchtenden Ross des Ritters zum Tanz mit der Welt hat verführen lassen.

Der Tod ist eine fiebernde Frau

Der Tod ist eine Frau,
die vom Fieber geschüttelt wird.

Hinter den weit geöffneten Fenstern ihrer Augen
spiegelt sich unbestimmt ein Land,
das nur sie allein erwandern kann.

Ein Land jenseits des Leids.
Ein Land jenseits der Lust.
Ein Land jenseits aller Gefühle.

Ein Land jenseits der Angst.
Ein Land jenseits der Hoffnung.
Ein Land jenseits aller Wahrheiten.

Ein Land wie ein später Abend am Meer.
Gleichmütig strömt sein nachtgetränkter Atem
über die fiebernde Brust
und legt sich um das klamme Herz.

Doch auf einmal verschwimmen die Konturen
des wundersamen Landes.
Die Augenspiegel erblinden.

Kein fernes Funkeln leuchtet mehr darin.
Kein fernes Echo atmet mehr darin.
Was die Augen sehen,
bleibt unsichtbar für dich.

Der Blick verliert sich in der Dämmerung
eines grenzenlosen Raumes,
der für dich eine unüberwindbare Grenze ist.

Der Tod ist eine Frau in den Wehen

Der Tod ist eine Frau, die in den Wehen liegt. Sie windet sich wie ein gefangener Aal, fest hat sich die Angel des Schmerzes in ihren Leib gebohrt. Hilfesuchend blickt sie dich an.

Du zögerst keinen Augenblick. Unverzüglich sattelst du dein schnellstes Pferd und eilst mit ihm, die halb ohnmächtige Gebärende in den Armen, zur besten Geburtshelferin der Stadt. Sofort nimmt sie dir das zuckende Bündel ab und verschwindet damit in einem speziellen Raum, zu dem du keinen Zutritt hast.

Unruhig läufst du auf den langen, labyrinthischen Gängen vor der verschlossenen Kammer hin und her. Fast hättest du dich in dem dunklen, bunkerähnlichen Bau verloren.

Da endlich, als du schon ganz benommen bist von dem ziellosen Umherirren, öffnet sich lautlos die Tür. Dahinter aber nimmt dich nur eine große, weiße Leere in sich auf.

Die Fenster sind weit geöffnet, das hereinströmende Licht blendet dich. Zunächst nimmst du an, nur deshalb nichts zu sehen.

Dann aber erkennst du: Es ist wirklich niemand in dem Zimmer. Alle müssen es verlassen haben, während du davor auf und ab gegangen bist.

Aber das Neugeborene, denkst du, wenigstens das Neugeborene muss doch noch da sein, es kann doch noch gar nicht laufen!

Eine Zeit lang verharrst du ganz still in dem lichtdurchfluteten Raum, der mit seinen unbefleckten weißen Wänden ebenso verheißungsvoll wie leblos wirkt. Aber erst als du die Augen schließt und der äußere Schein dich nicht mehr gefangen nimmt, meinst du etwas zu spüren, das vorher nicht da war, etwas, das sich anfühlt wie der Nachhall eines schwachen Zitterns, das ein weißer Falter in der Luft hinterlassen hat, als er sich im Licht aufgelöst hat.

Der Tod ist eine Pilgerin

Der Tod ist eine Pilgerin, die einen steilen Berg erklimmt. Immer höher steigt sie empor. Bald wird sie die Wolken erreichen, die das mächtige Massiv durchstößt.

Sie atmet schwer, mühsam schleppt sie sich die steinigen Wege und die schroffen Felswände hinauf. Nur kurz hält sie zwischendurch inne, um zu verschnaufen – sie spürt, dass ihr nicht mehr viel Zeit bleibt, um ihr Ziel zu erreichen. So viele hitzeflirrende Ebenen hat sie schon durchschritten, sich durch so viele vom Licht verlassene Schluchten gekämpft – da wird auch diese letzte Hürde ihr den Weg nicht versperren, auch wenn sie noch so steil ist.

Du aber, der du ihr vom Fuß des Berges aus zuschaust, nimmst sie schon bald nur noch als dünnen Strich wahr, als unsichtbare Schrift, die langsam, aber unaufhaltsam den Berg hinaufwächst.

Nicht lange, und du hast sie endgültig aus den Augen verloren. Nur ihr schweres Atmen hallt noch in dir nach, dieses immer neue Sich-Aufbäumen eines unbeirrbaren Willens, dieses leidenschaftliche Sich-Verschwistern mit der Welt, so unwirtlich sie auch sein mag, das immer neue Werfen eines Ankers in stürmischer See, das Sich-Festklammern der Seele an den Klippen, an denen sie zu zerschellen droht.

Selbst dann, als auch die letzte Spur der Pilgerin sich verflüchtigt, der Berg sie vollständig in sich aufgenommen hat, malt dein Blick ihr Bild noch in das schwerelos wogende Wolkengebirge. Du stellst dir vor, dass sie mit ihrer unbeugsamen Kraft die Wolken durchschritten, dass sie den Gipfel des Berges erreicht und dort ihre Flügel ausgebreitet hat.

Wenn du deine Augen tief genug im nächtlichen Himmel vergräbst, meinst du dort sogar den neuen Sternenvogel zu erahnen, in den die Pilgerin sich verwandelt hat. Mit einem heimlichen, nur dir erkennbaren Leuchten schimmert er dir aus den allumfassenden Fittichen des Firmaments entgegen.

Der Tod ist eine verschleierte Frau

Der Tod ist eine verschleierte Frau.
Hinter ihrem Schleier siehst du die Welt so,
wie sie immer war –
und doch weißt du:
Der Planet, auf dem diese Welt erblüht,
ist kein Teil des Universums,
in dem du dich befindest.

Ihre Farben mögen noch immer
als leuchtende Kaskaden vor dir aufblitzen –
doch sie verblassen,
sobald sie auf deine Augen treffen.

Ihre Winde mögen noch immer
geheimnisvoll tuscheln mit den scheuen Pappeln –
doch sie verstummen,
sobald sie auf deine Ohren treffen.

Ihre Blüten mögen noch immer
ihren verheißungsvollen Atem in die Nacht verströmen –
doch sie verlieren ihren Geruch,
sobald sie auf deine Nase treffen.

Auch wenn du all deine Kraft zusammennimmst:
Die Nebelmauern, die dich umschließen,
kannst du niemals niederreißen.

Doch selbst wenn dir das gelänge:
Es würde dir nicht helfen.
Denn die Welt, die du suchst,
diese unverwechselbare Welt,
die nur einem einzigen Menschen gehört hat,
ist nur noch eine leere Hülle,
das morsche Äußere eines Seins,
das sich gehäutet hat.

Deine Welt ist untergegangen
mit dem Blick, der sie erschaffen hat.

II. Der eigene Tod

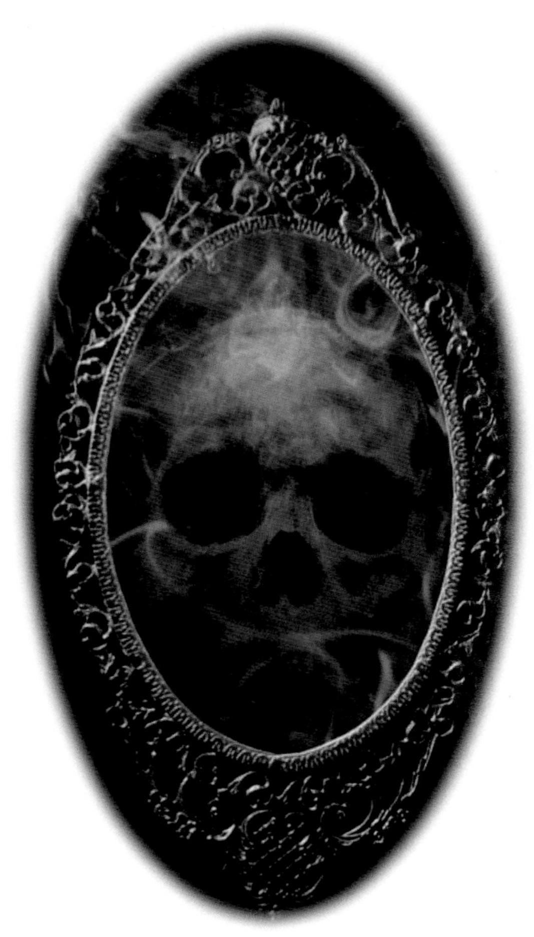

Der Tod ist eine Fürstin

Der Tod ist eine Fürstin
auf einer Stute aus flüssigem Feuer.
Mit ihrem sengenden Atem
schmilzt sie die Felsen zu Sand.

Du aber siehst sie nicht.

Der Tod ist eine Kriegerin
auf einem Schimmel aus lodernder Gischt.
Mit ihren rauschenden Flügeln
nimmt sie die Festung des Ufers im Sturm.

Du aber hörst sie nicht.

Der Tod ist eine Hirtin
mit einer Herde aus brennenden Wolken.
Der Hall ihrer peitschenden Hufe
reißt deine Wurzeln entzwei.

Du aber spürst sie nicht.

Der Tod ist eine Prinzessin
auf einem Fohlen aus siedendem Sand.
Ihr Schwarm aus glühenden Pfeilen
dringt durch das Tor deiner Haut.

Du aber ahnst sie nicht.

Der Tod ist eine Prophetin
auf einem Hengst aus schwarzen Flammen.
Mit ihrer Funken sprühenden Schrift
stürzt sie durch Raum und Zeit auf dich zu.

Du aber kennst sie nicht.

Der Tod ist eine Spielerin

Der Tod ist eine Spielerin, und du bist ihre Puppe. Immer wieder greift sie nach dir, um an dir ihre kindliche Experimentierfreude auszuleben.

Kunstfertig drapiert sie ihren Schal um deinen Hals, fest zieht sie die Enden zu einer Schleife zusammen und verschnürt dich zu einem Geschenk, das sie am Ende selbst auspacken wird.

Interessiert beobachtet sie die anschwellende Röte in deinem Gesicht, während sie ihren Schal enger und enger um deinen Hals windet, deine sich immer schneller hebende und senkende Brust, deinen Mund, der sich staunend öffnet, deine Augen, die starrend nach einem Halt suchen und ihn in niemand anderem finden als in ihr, der großen Spielerin.

Akkurat führt sie eine Nadel in deinen Kopf ein und registriert dann belustigt die verständnislosen Laute, die du auf einmal von dir gibst. Amüsiert schaut sie auf den Hampelmann, zu dem du von einer Sekunde zur anderen geworden bist, und auf deine Gliedmaßen, die urplötzlich ein Eigenleben führen, als hätte jemand einer Marionette die Fäden abgeschnitten oder sie zu Eis erstarren lassen.

Sorgsam bohrt sie ein Messer in deinen Leib und verfolgt dann mit wohligem Schaudern das Schauspiel, das sich ihr bietet. Gebannt sieht sie zu, wie das Gewürm in deinem Bauch sich ineinander verschlingt und verknotet, wie es, anstatt dir zu dienen, auf einmal dich selbst zu seiner Beute macht und dich von innen heraus verzehrt.

Mit geübtem Griff fasst sie in deine Brust, wie eine gefangene Kröte fügt sich dein Herz in den Käfig ihrer Hand. Jede noch so kleine Bewegung ihres Opfers überträgt sich auf ihre Finger, empfindsam registriert sie seine Gegenwehr, und sie spürt, wie jede Regung des Widerstands es nur noch fester an sie bindet.

Sie gibt dir Wasser zum Atmen und tränkt dich mit Feuer, sie vergiftet dich mit ihren Küssen und lässt dich in deinem eigenen Blut ertrinken. Grenzenlos ist ihr Erfindungsreichtum, wenn es darum geht, neue Versuchsanordnungen und Regeln zu ersinnen für ihre Spiele mit dir.

Nur leider: Was du davon hältst, interessiert sie nicht. Meistens ergibst du dich klaglos in dein Schicksal, aber manchmal möchtest du doch aufbegehren und dich beschweren über ihren rücksichtslosen, würdelosen Umgang mit dir. Dann aber fällt dir wieder ein, dass du ja nur ein Spielzeug bist, und die Worte gefrieren in deinem Mund, ehe du den Gedanken zu Ende gedacht hast.

Der Tod ist eine Diebin

Der Tod ist eine Diebin, die dich hinterrücks überfällt. Am hellichten Tag, mitten auf dem Marktplatz, taucht sie auf einmal hinter dir auf.

Haltet den Dieb, möchtest du rufen – aber als du dich umdrehst, ist nichts mehr zu sehen, die Angreiferin hat sich in Luft aufgelöst. Auch scheint sie – wie du nach ausgiebigem Durchwühlen deiner Taschen feststellst – gar nichts entwendet zu haben.

Hast du dir den Übergriff also nur eingebildet? Aber woher kommt dann dieses untrügliche Gefühl, bestohlen worden zu sein?

Einige Zeit darauf – du hast den lächerlichen Vorfall längst wieder vergessen – beschleicht dich beim Blick in den Spiegel ein merkwürdiges Gefühl. Irgendetwas ist anders als sonst, irgendetwas scheint zu fehlen – aber was?

Du schaust dir tief in die Augen, du versinkst geradezu in dir selbst, streifst über die Wüsten deiner Wangen, die Klippen deines Mundes – aber da ist nichts, was dein Gefühl rechtfertigen oder erklären könnte.

So brichst du einfach wieder auf zu deiner gewohnten Tagesreise. Alles ist wie immer, nur dass du oft nicht richtig bei der Sache bist und bei allem schneller ermüdest als sonst.

Ein paar Tage später stellst du fest, dass du abgenommen hast – und das ganz ohne Diät! Man muss sich eben nur bewusst und diszipliniert ernähren, denkst du nicht ohne Stolz. Die Tatsache, dass dir das Essen schon seit geraumer Zeit nicht mehr schmeckt, obwohl du ständig Heißhunger hast, verdrängst du dabei geflissentlich.

Erst als du nicht mehr nur dünner wirst, sondern fast schon zum Skelett abmagerst, erinnerst du dich wieder an den Zusammenstoß mit der unsichtbaren

Diebin. Und da wird dir schlagartig bewusst, was sie dir genommen hat und wohin sie entschwunden ist.

Gleichzeitig begreifst du, dass keine Polizei diese Diebin fassen, kein Gericht der Welt sie verurteilen kann. Wen sie anfällt, der muss ihr überlassen, was sie sich aneignet.

Der Tod ist eine Priesterin mit rubinroten Augen

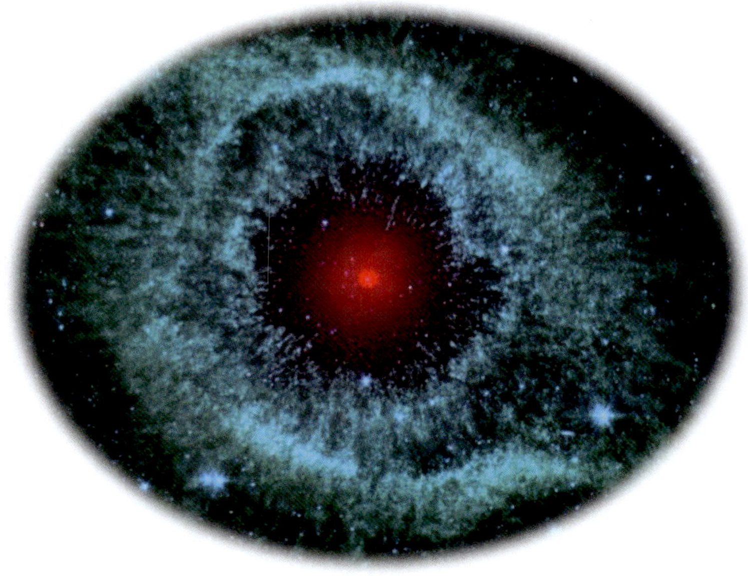

Der Tod ist eine Priesterin mit rubinroten Augen. Alles, worauf ihr Blick ruht, ist auf einmal erfüllt von Bedeutung.

Schon der Gedanke an sie lässt die kärgliche Hütte deines Daseins in neuem Glanz erstrahlen. Wege, die längst verwildert schienen, sind auf einmal wieder gangbar, vermoderte Hoffnungen verströmen wieder den Duft des Anfangs.

Tag und Nacht denkst du an die rubinroten Augen, bis in deine Träume verfolgen sie dich. Du bist dir sicher: Alles würde anders werden, könntest du sie an dich bringen. Dein Leben würde sich zum Palast weiten, in dem du der König wärest, der mit seinen Wünschen Walzer tanzt.

So kannst du am Ende nicht anders: Du reißt der Priesterin die rubinroten Augen aus dem Gesicht. Nachdem schon so lange all dein Sinnen, all dein Trachten darauf gerichtet war, hast du das Gefühl, dir nur genommen zu haben, was dir zusteht.

Kaum hast du dir jedoch die Preziosen angeeignet, verlieren diese all ihre Leuchtkraft. Wie ihre Besitzerin ohne sie augenblicklich zu einem Schatten verfällt, der im Meer der anderen Schatten versinkt, verwandeln sich die Rubine in deinen Händen in Kohlestücke.

Schlimmer noch: Ein dunkler Schimmer geht von ihnen aus, ein Schattenwurf, der sich wie ein Grabtuch über dein Leben legt und dir folgt, wohin du dich auch wendest. Du bist gefangen in einem Zwischenreich, aus dem es kein Entrinnen gibt.

Der Tod ist eine Reisende

Der Tod ist eine Reisende, deren Weg in dir endet. Jahrhundertelang hat sie tief in der Erde geruht, innig verbunden mit all den vielen anderen Kindern der großen Mutter, in deren Schoß alles eins ist.

Eines Tages aber haben sich große, kräftige Eisenarme in diesen Schoß gewühlt und mit ihren stählernen Fingern den Leib der Mutter zerschnitten. Da wurde aus dem All-Einen ein Allerlei an Materieschnipseln, die von brennenden Händen neu zusammengesetzt und ihren eigenen Zwecken dienstbar gemacht wurden.

So musste die Reisende sich auf den Weg machen, ob sie wollte oder nicht. Viele Orte hat sie gesehen, unzählige Finger haben über ihren rissigen Rücken gestrichen, bis sie zu der geworden ist, die zu einer Begegnung mit dir bestimmt war.

So schnell fliegt sie auf dich zu, dass du sie gar nicht kommen siehst. Nur einen leichten Luftzug spürst du, als hätte jemand in deiner Nähe eine Tür zugeschlagen. Im nächsten Augenblick aber geht dein Inneres in Flammen auf.

In gieriger Hast dringt die Reisende in dich ein. Sie wühlt sich in dein weiches Fleisch, sie badet in deinem warmen Blut, lässt es in pulsierenden Strömen aus deinem Körper fluten.

Denn sie weiß: Wenn sie das Band durchschneidet, das den Flickenteppich deiner Existenz zusammenhält, wird dieser in seine Einzelteile zerfallen und zurücksinken in den weichen Schoß, dem er entsprungen ist. Mit dir aber wird auch die Reisende heimkehren an den Ort, von dem sie einst zu dir aufgebrochen war.

Der Tod ist eine Wüstenspinne

Der Tod ist eine Wüstenspinne, die ihr Netz zwischen den Synapsen deines Gehirns spannt.

Wo immer ein Faden sich im Geflecht deines Geistes verankert, jagt er einen Pfeil aus purem Feuer durch deine Adern. Dann pulsiert sein Lava-Atem in deinem Körper, seine Hitze wird ein Teil von dir, und du wirst ein Teil von ihm.

Je mehr dich die Feuersäulen umstellen, desto mehr bist du in dir selbst eingeschlossen. Die Welt, die du siehst, ist nicht mehr die Welt da draußen. Sie ist nur noch ein Spiegel des Flammensturms, der durch dein Inneres tanzt.

Häuser verwandeln sich in Schiffe, die in dem Feuermeer kentern.

Straßen werden zu brennenden Schlangen, die dich umzüngeln.

Gesichter zerfließen zu Fratzen, und die Fratzen zerfallen in Schlünde und Abgründe, die dich in ihrem Magmasee begraben.

Am Ende bist du selber nur noch eine einzige Feuersäule. Flackernd zerstörst du das Haus, das du tragen sollst.

Zappelnd verfängst du dich mit jeder Bewegung mehr im Netz der Wüstenspinne.

Der Tod ist eine Tigerin

Der Tod ist eine Tigerin, die dir im Unterholz folgt.
Jeden deiner Schritte verschlingt sie mit ihren Blicken,
bei jedem Stolpern setzt sie an zum Sprung.

Sie nährt sich von dir, wenn du dich ernährst.
Sie wuchert in dir, wenn nichts dich ernährt.

Was immer du isst, ist gewürzt von ihr.
Was immer du nicht isst, ist Nahrung für sie.

Die Frucht, die du pflückst, ist gewachsen in ihr.
Die Luft, die du atmest, ist Atem von ihr.

Sie wächst mit dem Feuer, an dem du dich wärmst.
Sie wildert in dir, wenn nichts dich erwärmt.

Ihr Hauch umströmt eisig die heißeste Glut.
Im eisigsten Wintersturm flackert ihr Blick.

Sie sprießt in den Spuren, die du hinterlässt.
Sie keimt in der Leere, die nichts von dir weiß.

Schattenhaft schleicht sie um all deine Wege,
aus allem umfängt dich ihr Spiegelgesicht,
immer umweht dich ihr Raubtiergeruch.

Und du weißt:

Lautlos wird ihr Schatten eines Tages
aus dem Unterholz sich um dich schlingen
und dich für immer in ihr Reich entführen.

Und du, das entlaufene Tigerkind,
wirst dich stumm in die dornigen Arme
der zärtlich Verzehrenden fügen.

III. Der soziale Tod

Der Tod ist eine Bettlerin

Der Tod ist eine Bettlerin
mit einem Napf aus Knochen.
Mildtätig teilst du
einen Knochen mit ihr.

Der Tod ist eine Bettlerin
mit einem Krug aus Scherben.
Mildtätig tropfst
du Dünger darauf.

Der Tod ist eine Bettlerin
mit einem Kleid aus Löchern.

Mildtätig stopfst
mit wärmenden Worten du sie.

Der Tod ist eine Bettlerin
mit einer Haut aus Blut.
Mildtätig lässt
zur Ader du sie.

Der Tod ist eine Bettlerin
mit einem Bett aus Brettern.
Mildtätig deckst du
mit Erde sie zu.

Der Tod ist eine Bäuerin, die Vieh erntet

Der Tod ist eine Bäuerin, die Vieh erntet. Unermesslich sind ihre Besitztümer. Bis zum Horizont erstrecken sich ihre Weiden und die Stallungen, die sie für ihre Herden errichtet hat.

Zwei Arten von Herden sind es, die sie hält. Wenn du Glück hast, gehörst du zu der ersten Art. Diese Herden dürfen auf saftigen Weiden grasen. Die Ställe sind großzügig ausgebaut und mit wohlriechendem, weichem Stroh ausgelegt. Auf den Wiesen verströmen ausgesuchte Kräuter ihre Düfte.

Auf jeder dieser Wiesen gedeihen wieder andere Kräuter, jede schmeichelt dem Gaumen auf ihre ganz eigene Weise. So sind die darauf grasenden Herden zwar alle gleichermaßen verwöhnt. Da aber jede auf andere Weise verwöhnt wird, neidet stets eine der anderen das, was sie nicht hat. Der daraus entstehende Streit ist Dünger für die Viehernte der Bäuerin.

Wenn du Pech hast, wirst du der zweiten Art von Herden zugeteilt. Diese müssen in engen Holzverschlägen hausen. Dunkel und kalt ist es darin, ungehindert dringen Regen und Wind durch die breiten Holzritzen, stickige Luft breitet sich darin aus.

Hier musst du die meiste Zeit über im Dunkeln ausharren. Sofern du doch einmal ans Licht darfst, brennt die Sonne so unerbittlich auf dich herab, dass du dich fast nach dem Schutz deines Holzverschlags zurücksehnst. Rissig und ausgedörrt sind die Böden, vergeblich suchst du darauf nach etwas Essbarem.

So gibt es auch bei der zweiten Art von Herden einen selbstwachsenden Dünger, welcher der Bäuerin hohe Ernteerträge sichert.

Zusätzlich werden die Erträge noch durch die Wechselwirkungen gesteigert, die zwischen den beiden Arten von Herden bestehen. Als produktiv hat sich vor allem die dienende Funktion erwiesen, welche die zweite Herdengruppe für die erste einnimmt.

Die kärglich lebenden werden von den verwöhnten Herden genutzt, um die Qualität der eigenen Wiesen zu verbessern, um neue Gräser anzubauen oder auch um Heilkräuter zu testen, die das Leben auf den saftigen Weiden womöglich noch angenehmer machen könnten. Die Anstrengungen, welche die Herden der kargen Ländereien dabei für ihre wohlgenährten Verwandten unternehmen müssen, sind ein weiteres effektives Düngemittel für die Optimierung der Viehernte.

Hinzu kommt, dass die beiden Arten von Herden zwar streng voneinander getrennt sind, die einen die anderen jedoch stets vor Augen haben. So wollen die einen unbedingt an dem paradiesischen Leben der anderen teilhaben, während diese befürchten, genau dieses Paradies zu verlieren, wenn sie es mit ihren kärglich lebenden Artgenossen teilen müssen. Die daraus entstehenden Konflikte haben ebenfalls zu häufigeren und ertragreicheren Viehernten geführt.

Die Nutzung dieser als "Schaufenstermethode" bekannten Anbautechnik erhöht zudem die Aggressionsneigung mancher Stiere. Bei den Herden auf den saftigen Weiden scharen sie dann Gleichgesinnte um sich, denen sie versprechen, die eigenen Weidegründe kompromisslos gegen Eindringlinge aus anderen Herden zu verteidigen.

Dies fördert zum einen unmittelbar die Viehernte. Zum anderen ergeben sich hierdurch jedoch noch weitere Düngeeffekte. Diese resultieren aus dem Umgang der Stiere und ihrer Anhänger mit jenen, die sich der Unterordnung unter das strenge Regiment der Anführer widersetzen. Dieses wird von den Stieren für den Schutz der privilegierten Weidegründe, vor allem aber für die Erhöhung des eigenen Futteranteils errichtet.

Bei den Herden auf den kargen Weiden führt die Schaufenstermethode dazu, dass einige Stiere versuchen, das Wenige, was die Weiden an Nahrung abwerfen, unter sich und ein paar Getreuen aufzuteilen und so eine Art Miniaturmodell des Paradieses zu errichten. Dies kann den ohnehin schon überdurchschnittlichen Ernteertrag unter diesen Herden beträchtlich erhöhen.

So kann die Meisterin der Viehernte sich rühmen, noch nie die Dienste eines Schlachters in Anspruch genommen zu haben. Ihre Kunst besteht darin, das Vieh unter solchen Bedingungen zu halten, dass in diesem die natürliche Schlachterneigung entfacht wird. Dadurch fallen ihr die Früchte ganz von selbst in den Schoß.

Der Tod ist eine Nachbarin

Der Tod ist eine Nachbarin von dir. Ihr grüßt euch, wenn ihr euch auf der Straße seht, dann und wann unterhaltet ihr euch über das Wetter oder über andere unbedeutende Dinge, mitunter tauscht ihr über den Zaun hinweg Äpfel aus.

Man kann sagen, dass du ein ganz normales, nachbarschaftliches Verhältnis zu deiner Nachbarin hast.

Eines Tages aber kommt dir deine Nachbarin irgendwie verändert vor. Ihre Lippen wirken röter als sonst, und ihr Lidstrich sieht aus, als wollte sie damit die steile, angriffslustige Stirnfalte über ihrer Nasenwurzel betonen. Zwar grüßt sie dich, als ihr aneinander vorbeigeht, doch klingt ihr Stimme dabei eher wie das mürrische Gebell des Hundes, der ihr Haus bewacht.

Als du am Abend beim Zähneputzen in den Spiegel blickst, entfährt dir ein stummer Schrei: Für einen Augenblick ist es dir, als würdest du in das Gesicht deiner Nachbarin blicken. Auch deine Lippen sind auf einmal von einem schreienden Rot, auch über deiner Nase salutiert ein strammes Ausrufezeichen und kündet von nie gekannten Empfindungen.

In den nächsten Tagen versuchst du deiner Nachbarin aus dem Weg zu gehen. Du gehst früher oder später als sonst aus dem Haus, du wechselst die Straßenseite, wenn du sie von ferne erblickst, du hältst dich nur noch in den abgeschirmtesten Bereichen deines Gartens auf.

Je mehr du allerdings deine Nachbarin meidest, desto mehr beherrscht sie deine Gedanken, desto bedrohlicher erscheint dir die Fratze, die dir von eurem letzten Zusammentreffen in Erinnerung geblieben ist.

Eines Tages ist es dann so weit. Ein einziges Mal wart ihr beide unaufmerksam und hattet nicht darauf geachtet, wer euch auf der Straße entgegenkommt. Nun ist es zu spät. Immer mehr nähern sich eure von Angst und Wut entstellten Gesichter einander an. Keiner geht zur Seite, jeder befürchtet, dass das eigene Ausweichen als Schwäche gedeutet und ihm zum Verhängnis werden könnte.

So schreitet ihr aufeinander zu, unaufhaltsam, unbeirrbar, unbelehrbar. Und als ihr aufschaut, blickt jeder in die Totenmaske des anderen.

Der Tod ist eine junge Amsel

Der Tod ist eine junge Amsel.
Schüchtern gleitet sie ins Licht.
Hämisch stutzt du ihr die Flügel.

Der Tod ist eine saftige Weide.
Leuchtend erblüht sie im Frühlingstau.
Gierig zerpflückst du sie.

Der Tod ist eine schlanke Palme.
Träumerisch tanzt sie im Wind.
Gleichgültig fällst du sie.

Der Tod ist eine stolze Stute.
Königlich glänzt sie im Morgenrot.
Zürnend spannst du sie ins Joch.

Der Tod ist eine junge Gazelle.
Spielerisch springt sie ins Leben.
Lüstern erlegst du sie.

Der Tod ist eine Fata Morgana,
ein Spiegel der Lüfte mit deinem Bild.
Blindwütig zerschlägst du es.

IV. Der gelebte Tod

Der Tod ist eine Zauberin

Der Tod ist eine Zauberin
in einem Gewand aus Nebel.
Nichts, was sie berührt,
behält seine Gestalt.

Knorrige Eichen
zerfließen zu Schlangen,
Paläste verschwimmen
zu Wolkenscherben.

Weltumströmende Meere
versiegen in ihren Armen,
himmeldurchstoßende Berge
verneigen sich vor ihr.
Ihr Atem erstickt
das Feuer der Welt,
pulsierende Sterne
erstarren darin.

Auch durch deine Poren dringt
das pochende Nebelgewand.
Es füllt deine Adern,
es färbt deinen Blick.

Und du erkennst:

In dieses Gewand
bist du verwoben.
Nur ein Traum
war deine Gestalt.

Der Tod ist eine Malerin

Der Tod ist eine Künstlerin, die nur mit roten Farben malt. Es fällt dir schwer, in all den miteinander zerfließenden Rottönen sinnhafte Formen auszumachen.

Manchmal meinst du eine Fontäne zu erkennen oder auch ein Feuerwerk. Dann wieder siehst du einen Vulkan vor dir oder das abendrotgetränkte Geschmeide eines breiten Baumes.

Nur selten gelingt es dir, hinter dem in allen Nuancen des Rotspektrums schimmernden Wellenspiel menschliche Gestalten zu erkennen. Wo du solche wahrzunehmen meinst, reißen sie ihre Münder in wilder Ekstase auf.

Die Gesetze der Schwerkraft gelten für sie nicht mehr. Frei von allen Fesseln schweben sie durch den lavaroten Himmel, der sie gierig in sich aufsaugt.

Wer die Künstlerin kennt, wird in den Gestalten Ebenbilder ihrer selbst sehen. Denn sie, die alle Farben aus sich selbst schöpft, tränkt jedes ihrer Werke mit ihrem eigenen Blut, so dass sie unaufhaltsam in ihren Bildern verblutet.

Der Tod ist eine Nixe

Der Tod ist eine Nixe mit flackerndem Haar. Züngelnd umwerben dich ihre Locken. Schon bald hast du dich heillos in ihnen verfangen. Unverwandt starrst du auf das zitternde Gesicht der Nixe.

Hinter ihren Lippen funkelt dir das Diadem ihrer Zähne entgegen.

Ihre Haut gießt ein Füllhorn verführerischer Düfte über dich aus.

Ihre Augen sind Tore zu einem Land, in dem du dich – wie du ganz deutlich spürst – mit dir selbst und der Welt versöhnen wirst.

Immer näher kommst du dem blauen Gesicht. Etwas hält dich zurück, aber die Anziehungskraft des Lilienmundes ist zu stark. Du kannst, du willst dich nicht dagegen wehren.

Als du jedoch die feuchten Lippen berührst, ziehen diese sich vor dir zurück und weiten sich zu einem Strudel, der dich unwiderstehlich zu sich hinabzieht. Weich umfangen dich seine Krakenarme, fest drücken sie dich an sich. Tiefer und tiefer versinkst du in dem wogenden Körper.

Während deine Sinne schwinden, spürst du: Bald wirst du den Grund erreichen, den Ort, wo alles begann, wo Ende und Anfang ineinander münden. Da aber wird die Nixe dich längst in den Schlaf gewiegt haben.

Der Tod ist eine Geisha

Der Tod ist eine Geisha, die sich unbemerkt in deine Träume schleicht. Mit ihrem unbewegten Mund und ihrer blassen Gesichtsfarbe ist sie eine perfekte Leinwand für deine Träume. Allen, denen sie sich zuwendet – und sie wendet sich jedem zu, der sich nach ihr umdreht –, dient sie als Spiegel ihrer geheimsten Wünsche.

Aber Vorsicht! Hüte dich, dich an ihren fallobstweichen Körper zu schmiegen! Sobald du diesem

Drang nachgibst, bist du verloren. Denn dann singt dir die schöne Unbekannte ein Wiegenlied, ein Lied von einem befreiten Leben, in dem dich dieselbe Sorglosigkeit umfließt wie einst im Mutterleib.

Dieses Wiegenlied wird sich um deine Seele legen wie eine samtene Fessel, die dich für immer an die statuenhafte Schöne bindet. Und erst jetzt wirst du erkennen: Was du für ein Gesicht gehalten hast, war in Wahrheit nur eine mondbeschienene Höhle. Nicht mehr lange, und du wirst ausweglos darin versunken sein.

Der Tod ist eine grünäugige Krähe

Der Tod ist eine Krähe mit grünen Augen. Der Baum, auf dem sie thront, hängt voll mit leuchtenden Früchten. Niemand kann daran vorbeigehen, ohne sich nach ihnen umzudrehen, jeden verlangt es danach.

Auch dich ziehen die Feuerfrüchte in ihren Bann. Du kannst den Blick nicht von ihnen wenden, du trinkst ihr Leuchten, bis du ganz berauscht bist davon. Schließlich kannst du dich nicht beherrschen und pflückst eine Frucht.

Kaum hältst du sie in deinen Händen, musst du feststellen, dass sie überreif ist. So weich ist sie, dass sie bei der kleinsten Berührung auseinanderbricht. Ihr Fruchtfleisch aber ist übersät von Krähenaugen, überall trifft dich ihr durchdringender Blick. Erschrocken lässt du die Frucht aus der Hand gleiten.

Sobald die Frucht auf den Boden aufschlägt, fallen auch die Krähenaugen auseinander. Sie zerteilen sich in lauter kleine und kleinste Bruchstücke, die alle einen eigenartig bitteren Geruch verströmen. Neugierig geworden, beugst du dich über die zerbrochene Frucht. Sogleich ergießt sich ihr bitterer Atem in deinen halb geöffneten Mund.

Lächerlich, denkst du, das ist einfach lächerlich – und bekommst einen Lachanfall. Das Lachen, das dich schüttelt, ist jedoch nicht dein eigenes Lachen. Es scheint der Mitte der Frucht zu entströmen und dich nur als eine Art Medium zu benutzen.

Je länger du lachst, desto mehr geht das Lachen in Krämpfe über, die sich von deinem Zwerchfell auf alle deine Muskeln ausbreiten. Am Ende erreichen sie dein Herz, das sich zuckend in sich selbst zusammenzieht.

Das Letzte, was du siehst, ist der spöttische Blick der Krähe, die noch immer auf dem Baum mit den leuchtenden Früchten auf Beute lauert.

Der Tod ist eine Tänzerin

Der Tod ist eine Tänzerin in einem bunten Harlekinskostüm. Von jeder Seite wendet ihr Gewand dir ein anderes Gesicht zu, jeder neue Lichteinfall lässt es in anderen Farben schimmern.

Manchmal ist das Gewand übersät von roten Punkten, dann wieder geht ein veilchendunkles Leuchten von ihm aus, wie bei einem Rabengefieder. Es kann von oben bis unten in hellem Glanz erstrahlen, aber auch wie von Blitzen durchstochen wirken, von sternenhaften Zusammenziehungen des Lichts, die so hell sind, dass die dunklen Zwischenräume wie riesige schwarze Löcher wirken.

Auch die Form des Kostüms ändert sich immer wieder, je nach der Perspektive, aus der man es betrachtet. Mal wirkt es wie ein lächerlich dünner Schlauch, dann wieder erscheint es grotesk aufgebläht, wie bei einem Glockenrock, der vom Wind aufgebauscht wird. Es kann unnatürlich glatt aussehen, aber auch rissig erscheinen oder von kindischen, viel zu großen Bommeln überwuchert.

Ständig ist die regenbogenfarbige Tänzerin am Lachen, jeden fordert sie zum Tanzen auf. Auch auf dich fällt irgendwann die Wahl. Willenlos lässt du dich in ihre Arme sinken. Ihr Lachen hallt in deinen Ohren, es durchdringt deinen ganzen Körper, wild pulsiert es in deinem Blut.

Du kannst nicht anders: Du musst miteinstimmen in dieses Lachen, auch wenn du sofort spürst, dass es ein viel zu heftiges, schmerzhaftes Lachen ist, ein Lachen, das eher einem Schrei gleicht, der dich von innen heraus zerreißt. Aber nachdem du einmal angefangen hast zu lachen, kannst du nicht mehr aufhören.

Du lachst und lachst, während du immer mehr mit deiner Tanzpartnerin verschmilzt. Am Ende seid ihr zu einer einzigen Gestalt zusammengewachsen.

Schließlich stellst du fest: Du bist allein in dem großen Ballsaal, niemand tanzt mehr außer dir.

Als du an der breiten Spiegelwand vorbeiwirbelst, blickst du in das Gesicht der Harlekinsdame – und du erkennst: Ihr Lachen ist in Wahrheit nur eine erstarrte Grimasse, eine Maske, in der sich jeder auflöst, der ihr zu nahe kommt.

Der Tod ist ein Loch in der Zeit

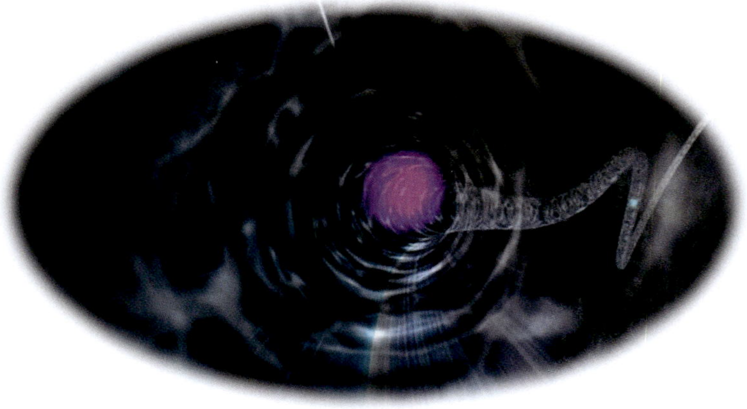

Der Tod ist ein Loch in der Zeit,
in dem du spurlos verschwindest.
Niemand wird dich jemals finden,
niemand deinen Abgrund ergründen.

Aber wer sollte auch nach dir suchen?

Wer glaubt schon an Löcher im Gewand der Zeit,
der unfehlbaren, unbeirrbaren Königin der Welt?
Ist sie nicht von mönchischer Strenge, die Zeit,
eine Pilgerin auf dem Weg in die Unendlichkeit?

Doch selbst jene, die an das Unglaubliche glauben,
werden erst dann an ein Loch in der Zeit gelangen,

wenn sie sich selbst in einem verfangen.
Dann aber bleibt auch von ihnen keine Spur.

So verschwindet die Wahrheit mit den Verschwundenen:
Die weite, wohlgegliederte Ebene der Zeit
ist nur eine Fata Morgana, ein Schleier
vor der Wahrheit unserer Augenblickshaftigkeit.

Eintagsfliegen sind wir,
Kometenblitze,
im Kreis herumgewirbelt
von einem chaotischen Strudel.

Jauchzend treiben wir darin,
Kinder, vom Karussellflug berauscht.
Aufblitzend sind wir schon verschwunden
im Abgrund der Zeit,
spurlos,
als wären wir nie gewesen.

Bildnachweise

Cover-Bild: Michail Wrubel (1856 – 1910): Der sechsflügelige Erzengel Azrael (der in manchen religiösen Traditionen auch als Engel des Todes fungiert; 1904); Sankt Petersburg, Staatliches Russisches Museum (Wikimedia commons)

Octavian Smigelschi (1866 – 1912): Der Engel des Todes (um 1892) Kunstmuseum Brukenthal /Rumänien (Wikimedia commons)

Peter H. (Tama66): Verlassener Saal (Pixabay)

Ludwig Sckell (1833 – 1912): Der Einsiedler (um 1912; modifiziert); Wikimedia commons

Odilon Redon (1840 – 1916): Melancholie (1876); Wikimedia commons

Thomas Gainsborough (1727 – 1788): Landschaft mit Schafsherde (zwischen 1773 und 1777); Yale Center for British Art; Ausschnitt (Wikimedia commons)

S. Hermann / F. Richter: Türen (Pixabay; Ausschnitt)

Arnošt Hofbauer (tschechischer Maler, 1869 – 1944): Pilger (1905); Wikimedia commons

Caspar David Friedrich (1774 – 1840): Gebirgslandschaft mit Regenbogen (1809/10; modifiziert); Essen, Museum Folkwang (Wikimedia commons)

Antonio Corradini (1688 – 1752): Verschleierte Frau (Allegorie der Reinheit); Venedig, Museo del Settecento, Palazzo Ca' Rezzonico; Fotograf: Didier (Wikimedia commons)

Creatifrankenstein: Unheimlicher Spiegel (Pixabay)

Gustave Doré (1832 – 1883): Der Tod auf dem bleichen Pferd (1865); Wikimedia commons

Alfred Roller: Posterskizze; aus: Anno 11/1898 (Wikimedia commons)

Timitzer: Shadowman (Wikimedia commons, 2007)

Spitzer Space Telescope: Infrarotaufnahme des Helix-Nebels (NASA, PIA09178); Wikimedia commons)

Johannes Plenio: Silhouette eines Mannes bei Nebel (Pixabay; Ausschnitt)

Mikalojus Konstantinas Čiurlionis (1875 – 1911): Abschließendes Bild des vierteiligen Gemäldezyklus Saulės Sonata (Sonate der Sonne, 1904) des litauischen Malers, Komponisten und Schriftstellers, der insgesamt sieben gemalte Sonaten geschaffen hat; Foto von Osvaldas Grigas (Wikimedia commons; Ausschnitt)

Gosse, Philip Henry (1810 – 1888): Illustration aus dem Buch *The Romance of Natural History* (1860/61); Wikimedia commons

Michail Wrubel (1856 – 1910): Sitzender Dämon (1890); Moskau, Tretjakow-Galerie (Wikimedia commons)

Shattered.art66: Trauernder Schatten (Wikimedia commons)

Hugo Simberg (1873 – 1917): Der Garten des Todes (1896); Helsinki, Finnische Nationalgalerie Kunstmuseum Ateneum (Wikimedia commons)

Michail Wrubel: Kopf eines Dämons (Skulptur, 1894); Sankt Petersburg, Staatliches Russisches Museum; Foto: Maxim Chlopow (Wikimedia commons)

David Merrett: Fliegende Amsel (Daventry Country Park, Northamptonshire, 2007); Wikimedia commons

Gustave Moreau (1826 – 1898): Die Schicksalsgöttin und der Engel des Todes (1890); Paris, Musée Gustave Moreau (Wikimedia commons)

William Blake (1757 – 1827): Der große rote Drache und die mit der Sonne bekleidete Frau (aus dem Offenbarungszyklus Blakes, 1805 – 1810); London, National Gallery of Art (Wikimedia commons)

Elisabet Stacy-Hurley: Blalock Space Fantasy, 1973 (Wikimedia commons)

Edvard Munch (1863 – 1944): Die Dame aus dem Meer (1896); Philadelphia, Museum of Art

Josef Wawra (1893 – 1935): Wassernixen (1920); Wien, Österreichische Galerie Belvedere (Wikimedia commons)

Puppe mit den Zügen der Geisha Mooroka O-Matsu, hergestellt von Master Kawashima Jimebei II.; 19. Jahrhundert; Foto: Shakko, 2011 (Wikimedia commons, Ausschnitt)

Alexas_Fotos: Mystische Krähe (Pixabay)

Edward Penfield (1866 – 1925): Im Salon des Actualités (Madrid); Scribner's Magazine, 1907 (Wikimedia Commons; modifiziert)

PIRO4D: Zeittunnel (Pixabay)